BEI GRIN MACHT SICH IHR
WISSEN BEZAHLT

- Wir veröffentlichen Ihre Hausarbeit,
  Bachelor- und Masterarbeit

- Ihr eigenes eBook und Buch -
  weltweit in allen wichtigen Shops

- Verdienen Sie an jedem Verkauf

Jetzt bei www.GRIN.com hochladen
und kostenlos publizieren

Bibliografische Information der Deutschen Nationalbibliothek:

Die Deutsche Bibliothek verzeichnet diese Publikation in der Deutschen National-bibliografie; detaillierte bibliografische Daten sind im Internet über http://dnb.d-nb.de/ abrufbar.

Impressum:

Copyright © 2018 GRIN Verlag
Druck und Bindung: Books on Demand GmbH, Norderstedt Germany
ISBN: 9783668669864

Dieses Buch bei GRIN:

https://www.grin.com/document/415696

Sophie Engelien

Ein Referat zum Thema Sprachdidaktik. Satzreihe, Satzgefüge und Proben

GRIN Verlag

GRIN - Your knowledge has value

Der GRIN Verlag publiziert seit 1998 wissenschaftliche Arbeiten von Studenten, Hochschullehrern und anderen Akademikern als eBook und gedrucktes Buch. Die Verlagswebsite www.grin.com ist die ideale Plattform zur Veröffentlichung von Hausarbeiten, Abschlussarbeiten, wissenschaftlichen Aufsätzen, Dissertationen und Fachbüchern.

Besuchen Sie uns im Internet:

http://www.grin.com/

http://www.facebook.com/grincom

http://www.twitter.com/grin_com

Universität Augsburg   22.01.2018
Wintersemester 2017 / 2018
Aufbauseminar Sprachdidaktik Gs/Hs
Referentin: Sophie Engelien

Satzreihe und Satzgefüge

1.   Definition: Satzreihe und Satzgefüge

Satzreihe (Parataxe): wird aus zwei oder mehreren gleichwertigen Sätzen gebildet

Satzgefüge (Hypotaxe): besteht aus Hauptsatz und mindestens einem Nebensatz (meist mit einer Konjunktion verbunden)

2.   Hauptsatz und Nebensatz im Satzgefüge

Position des Nebensatzes vor, nach oder zwischen dem Hauptsatz:

Es entsteht ein Satzgefüge.

3.   Definition von Nebensätzen

Ein Nebensatz ist ein Satz, der durch eine unterordnende Konjunktion an einen Hauptsatz angebunden wird. Er kann nicht alleine stehen.

Im Nebensatz findet man das Prädikat immer am Satzende.

Merke: *Das Prädikat ist im Fall der Zeitform Perfekt mehrteilig.*

Die Reihenfolge von Haupt und Nebensatz kann man vertauschen. Die Verbstellung des Nebensatzes bleibt erhalten.

Haupt- und Nebensatz können weitere Nebensätze (Schachtelsätze) enthalten.

Merke: Um die Satzstruktur eines Schachtelsatzes erkennbar zu machen, sind Satzzeichen unerlässlich!

4.   Gradbestimmung von Nebensätzen

Einen Nebensatz, der unmittelbar vom Hauptsatz abhängt, nennt man Nebensatz 1. Grades.

Ein Nebensatz, der von einem Nebensatz 1. Grades abhängt, ist einer 2. Grades usw.

Ein zusammengesetzter Satz kann mehrere Sätze gleichen Grades enthalten

Merke: Der Grad hat nichts mit der Reihenfolge der Sätze zu tun!

5. Formale und funktionale Klassifikation

Formal:

Konjunktionalsatz: wird durch eine Konjunktion eingeleitet

Pronominalsatz: wird durch ein Relativpronomen, ein Interrogativpronomen oder ein entsprechendes Adverb eingeleitet (Pronominaladverb)

Uneingeleiteter Nebensatz: keine bestimmte Einleitung

Infinitivgruppe: Kern des Satzes ist das Verb im Infinitiv

Partizipgruppe: Kern des Satzes ist ein als Adjektiv verwendetes Partizip (1 oder 2)

Funktional:

Subjektsatz: Der NS nimmt die Stelle eine Subjekts an.

Objektsatz: Der NS nimmt die Stelle eines Objekts an.

Prädikativsatz: Der NS nimmt die Stelle eines Prädikativs an.

Attributsatz: Der NS nimmt die Stelle eines Attributs an.

Adverbialsatz: Der NS nimmt die Stelle eines Adverbs an.

Quellen:

Dürscheid, Christina (2010): Syntax. Grundlagen und Theorien. Göttingen: Vandenhoeck & Ruprecht.

Gallmann, Peter (2017): Haupt- und Nebensätze. Jena.

https://deutsch.lingolia.com/de/grammatik/satzbau/nebensaetze

aufgerufen: 13.01.2018, 18:30 Uhr

http://www.grammatikdeutsch.de/html/satzreihe-satzgefuge-info.html

aufgerufen: 13.01.2018, 18 Uhr

http://gymbasis.ch/moodle/Deutsch/Grammatik/Haupt-Nebensaetze/nebenstze.html

aufgerufen: 12.01.2018, 15 Uhr

https://www.lernhelfer.de/schuelerlexikon/deutsch/artikel/satzgefuege

aufgerufen: 12.01.2018, 14 Uhr

Übungsblatt

Bestimme den Hauptsatz und den Grad der folgenden Nebensätze:

1: Als ich vor dem Laden stand, bemerkte ich, dass der Laden geschlossen war.

2: Als er den Koffer öffnete, bemerkte er, dass der Zettel fehlte, auf dem das Codewort stand.

3: Das Spielwarengeschäft war durch eine Silvesterrakete, die falsch gelagert worden war, in Brand gesetzt worden, wobei ein Sachschaden entstand, der die Millionengrenze überschritt.

4: Er hatte übersehen, dass der Zettel, auf dem die Seriennummer stand, noch in der Verpackung lag.

Setze Kommata und bestimme die folgenden Sätze formal.

1: Ich lese die Begleitlektüre um in der Klausur gut abzuschneiden.

2: Ich gehe in die Uni obwohl es Freitag ist.

3: Etwas womit die Kinder spielen können lässt sich immer finden.

4: Viele Bücher tragend kam das Mädchen aus der Bibliothek.

5: Hättest du im Kurs besser aufgepasst wärst du nicht durch die Klausur gefallen.

Setze Kommata und bestimme die folgenden Sätze funktional.

1: Wo heute das Univiertel ist waren früher nur Wiesen.

2: Alle die im Januar Geburtstag haben müssen heute keinen Eintritt zahlen.

3: Diese Wohnung ist was ich schon immer suchte.

4: Du sollst essen was auf den Tisch kommt.

5: Euch zu helfen ist mein größter Wunsch.

Satzreihe & Satzgefüge

Seminar: Sprachdidaktik
Semester: WS 17/18
Referentin: Sophie Engelien

Inhaltsverzeichnis

- ▸ Verortung im LehrplanPLUS
- -> Kompetenzstrukturmodell
- -> Sprachgebrauch und Sprache untersuchen und reflektieren
- ▸ Definition: Satzreihe und Satzgefüge
- ▸ Hauptsatz und Nebensatz im Satzgefüge
- ▸ Definition von Nebensätzen
- ▸ Gradbestimmung von Nebensätzen
- ▸ Formale und funktionale Klassifikation
- ▸ Übungen
- ▸ Quellen

Verortung im LehrplanPLUS

Kompetenzstrukturmodell

Sprachgebrauch und Sprache untersuchen und reflektieren

„Die Schülerinnen und Schüler experimentieren mit Sprache und sprachlichen Strukturen (z. B. **Regelmäßigkeiten** bei der Wortbildung, bei gleichen Satzarten, **Wirkungen von Wörtern und Sätzen**) und reflektieren die jeweilige Verwendung und Funktion in unterschiedlichen Zusammenhängen. **Grammatikalische und metasprachliche Begriffe** werden stets im Kontext konkreter Sprachhandlungen gewonnen und bereiten den **analytischen Umgang mit Sprache** in den weiterführenden Schulen vor. Insbesondere mehrsprachige Schülerinnen und Schüler werden durch sprachsensiblen und die Fachsprache entwickelnden Unterricht unterstützt, damit sie sprachliche Strukturen der deutschen Sprache zutreffend mit Fachbegriffen benennen und beschreiben können."

(www.lehrplanplus.bayern.de)

Definition: Satzreihe und Satzgefüge

Satzreihe (Parataxe): wird aus zwei oder mehreren gleichwertigen Sätzen gebildet

Beispiel: Die Mutter geht zur Arbeit. Der Vater kauft ein.

Die Mutter geht zur Arbeit (,) und der Vater kauft ein.

Satzgefüge (Hypotaxe): besteht aus Hauptsatz und Nebensatz (meist mit einer Kon‚ verbunden)

Beispiel: Der Schüler weiß etwas. Er muss lernen.

Der Schüler weiß, dass er lernen muss

Hauptsatz und Nebensatz im Satzgefüge

Position des Nebensatzes vor, nach oder zwischen dem Hauptsatz:

Es entsteht ein **Satzgefüge**

- Nebensatz vor dem Hauptsatz

    Da es regnet, machen wir das Spiel im Zimmer.

    Obwohl ich keine Zeit habe, gehe ich ins Kino.

- Nebensatz nach dem Hauptsatz

    Wir machen das Spiel im Zimmer, da es regnet.

    Ich gehe ins Kino, obwohl ich keine Zeit habe.

- Nebensatz zwischen dem Hauptsatz

    Wir machen das Spiel, weil es regnet, im Zimmer.

    Ich gehe, obwohl ich keine Zeit habe, ins Kino.

Definition von Nebensätzen

Ein **Nebensatz** ist ein Satz, der durch eine **unterordnende Konjunktion an einen Haupt**
angebunden wird. Er kann **nicht alleine** stehen.

Beispiel: *Sie ist fleißig, damit sie ein gutes Zeugnis bekommt.*

Hauptsatz: *Sie ist fleißig.*   → *Kann alleine stehen.*

Nebensatz: *Damit sie ein gutes Zeugnis bekommt.*   → *Kann nicht alleine stehen.*

Unterordnende Konjunktionen: *als, anstatt, bevor, bis, da, damit, dass, obwohl, währen*

Definition von Nebensätzen

Im **Nebensatz** findet man das **Prädikat immer am Satzende.**

Beispiel: Schicke mir das Paket bitte, falls du es **findest.**

            *Er wurde so schwer verletzt, dass er ins Krankenhaus **gebracht wurde.***

Merke: Das Prädikat ist im Fall der Zeitform **Perfekt** mehrteilig.

Die **Reihenfolge** von Haupt und Nebensatz kann man **vertauschen**. Die Verbstellung des
Nebensatzes bleibt erhalten.

Beispiel: *Er bekämpfte seine Langeweile, indem er den ganzen Tag am Fenster stand*
            Leute beobachtete.
            Indem er den ganzen Tag am Fenster stand und die Leute beobachtete, be
            seine Langeweile.

Hauptsatz und Nebensatz im Satzgefüge

Haupt- und Nebensatz können **weitere Nebensätze (Schachtelsätze)** enthalten.

Merke: Um die Satzstruktur eines Schachtelsatzes erkennbar zu machen, sind S
unerlässlich!

Beispiel: *Schicke mir das Paket das gestern angekommen ist welches ich vorges
erwartet habe bitte heute zu.*

*Schicke mir das Paket, das gestern angekommen ist, welches ich vorge
erwartet habe, bitte heute zu.*

Gradbestimmung von Nebensätzen

Einen Nebensatz, der unmittelbar vom Hauptsatz abhängt, nennt man **Nebensatz**

Ein Nebensatz, der von einem Nebensatz 1. Grades abhängt, ist einer **2. Grades**

Ein zusammengesetzter Satz kann mehrere Sätze gleichen Grades enthalten

Merke: Der Grad hat nichts mit der Reihenfolge der Sätze zu tun!

Beispiel: Als ich sah (N1), dass der Laden geschlossen war (N2), kehrte ich wiede

Formale und funktionale Klassifikation

Formal:

Konjunktionalsatz: wird durch eine Konjunktion eingeleitet

 Beispiel: **Als** er aus der Schule kam, machte er seine Hausaufgaben.

Pronominalsatz: wird durch ein Relativpronomen, ein Interrogativpronomen oder ein entsprechendes Adve
eingeleitet (Pronominaladverb)

 Beispiel: Der Junge, **der** gestern mit dem Ball spielte, liegt im Krankenhaus.

Uneingeleiteter Nebensatz: keine bestimmte Einleitung

 Beispiel: Es ist besser, du kommst später noch einmal zurück.

Infinitivgruppe: Kern des Satzes ist das Verb im Infinitiv + „zu"; ist oft mit um, ohne, statt, außer, als eing

 Beispiel: Wir freuen uns, Euch mal wieder zu sehen.
 Ich habe keine Lust, das Buch zu lesen.

Partizipgruppe: Kern des Satzes ist ein als Adjektiv verwendetes Partizip (1 oder 2)
 Beispiel: in Höhlen **lebende** Fledermäuse → Fledermäuse leben in Höhlen.
 viel **gelesene** Bücher → Bücher werden viel gelesen.

Formale und funktionale Klassifikation

Funktional:

Subjektsatz: Der NS nimmt die Stelle eine Subjekts an.
 Beispiel: Wer fleißig lernt, wird belohnt.

Objektsatz: Der NS nimmt die Stelle eines Objekts an.
 Beispiel: Ich helfe, wem ich will.

Prädikativsatz: Der NS nimmt die Stelle eines Prädikativs an.
 Beispiel: Das ist, was ich schon immer tun wollte.

Attributsatz: Der NS nimmt die Stelle eines Attributs an.
 Beispiel: Das ist der Mann, den ich gesehen habe.

Adverbialsatz: Der NS nimmt die Stelle eines Adverbs an.
 Beispiel: Da er krank war, blieb er zu Hause.
 Sei ruhig, damit ich schlafen kann.
 Wo sie ihren Urlaub verbringen, ist es sehr warm.

Übungen

Bestimme den Hauptsatz und den Grad der folgenden Nebensätze:

1: Als ich vor dem Laden stand, bemerkte ich, dass der Laden

Lösung: Als ich vor dem Laden stand (N1), bemerkte ich (H), dass der Laden geschlossen

2: Als er den Koffer öffnete, bemerkte er, dass der Zettel fehlte, auf dem das Codewort

Lösung: Als er den Koffer öffnete (N1), bemerkte er (H), dass der Zettel fehlte (N1), au
Codewort stand (N2).

3: Das Spielwarengeschäft war durch eine Silvesterrakete, die falsch gelagert worden war
worden, wobei ein Sachschaden entstand, der die Millionengrenze überschritt.

Lösung: Das Spielwarengeschäft war durch eine Silvesterrakete (H), die falsch gelagert
in Brand gesetzt worden (H), wobei ein Sachschaden entstand (N1), der die Millionengren
überschritt (N2).

4: Er hatte übersehen, dass der Zettel, auf dem die Seriennummer stand, noch in der Verp

Lösung: Er hatte übersehen (H), dass der Zettel (N1), auf dem die Seriennummer stand (
Verpackung lag (N2).

Übungen

Formale Bestimmung: Konjunktionalsatz, Pronominalsatz, uneingeleiteter Nebensatz, Infinitivgrup

Setze **Kommata** und bestimme die folgenden Sätze **formal.**

Ich lese die Begleitlektüre um in der Klausur gut abzuschneiden.

Ich gehe in die Uni obwohl es Freitag ist.

Etwas womit die Kinder spielen können lässt sich immer finden.

Viele Bücher tragend kam das Mädchen aus der Bibliothek.

Hättest du im Kurs besser aufgepasst wärst du nicht durch die Klausur gefallen.

Lösungen:

Ich lese die Begleitlektüre, um in der Klausur gut **abzuschneiden**. → Infinitivgruppe

Ich gehe in die Uni, **obwohl** es Freitag ist. → Konjunktionalsatz

Etwas, **womit** die Kinder spielen können, lässt sich immer finden. → Pronominalsatz

Viele Bücher **tragend**, kam das Mädchen aus der Bibliothek. → Partizipgruppe

Hättest du im Kurs besser aufgepasst, wärst du nicht durch die Klausur gefallen. → uneingeleiteter Nebensatz

<u>Übungen</u>

Funktionale Bestimmung: Subjektsatz, Objektsatz, Prädikativsatz, Attributsatz, Adverbialsatz

Setze **Kommata** und bestimme die folgenden Sätze **funktional.**

Wo heute das Univiertel ist waren früher nur Wiesen.

Alle die im Januar Geburtstag haben müssen heute keinen Eintritt zahlen.

Diese Wohnung ist was ich schon immer suchte.

Du sollst essen was auf den Tisch kommt.

Euch zu helfen ist mein größter Wunsch.

<u>Lösungen:</u>

Wo heute das Univiertel ist, waren früher nur Wiesen. → Adverbialsatz

Alle, die im Januar Geburtstag haben, müssen heute keinen Eintritt zahlen. → Attributsatz

Diese Wohnung ist, was ich schon immer suchte. → Prädikativsatz

Du sollst essen, was auf den Tisch kommt. → Objektsatz

Euch zu helfen, ist mein größter Wunsch. → Subjektsatz

<u>*Quellen*</u>

Dürscheid, Christa (2010): Syntax. Grundlagen und Theorien. Göttingen: Vandenhoeck & Ruprecht.

Gallmann, Peter (2017): Haupt- und Nebensätze. Jena.

https://deutsch.lingolia.com/de/grammatik/satzbau/nebensaetze
aufgerufen: 13.01.2018, 18:30 Uhr

http://www.grammatikdeutsch.de/html/satzreihe-satzgefuge-info.html
aufgerufen: 13.01.2018, 18 Uhr

http://gymbasis.ch/moodle/Deutsch/Grammatik/Haupt-Nebensaetze/nebenstze.html
Aufgerufen: 12.01.2018, 15 Uhr

https://www.lernhelfer.de/schuelerlexikon/deutsch/artikel/satzgefuege
aufgerufen: 12.01.2018, 14 Uhr